知命의 나들이

지성 · 감성의 메타언어
조선문학시인선 · 258

知命의 나들이

남 상 아 시집

조선문학사

■ 책을 내면서

선인장 가시 같은 날들을 먹고 살아야 했던
내 삶의 여정에서
시를 만난 것은 그나마 행운이었습니다.
서정시와 겨우 낯 익어갈 무렵
불쑥 맞닥뜨린 난해한 현대시
그와의 갈등으로 팔뚝의 피멍으로 약까지 먹었던 일
밥, 나이, 세월 또 인생을 쉬지 않고 먹었는데도
한 치도 자라주지 않는 내 키처럼
걸음마도 못하고 앉아있는 내 詩
대나무처럼 마디라도 지어 보려고 주저 하다
시집을 묶었습니다
끝이 없는 시의 길
힘겨워 놓아버릴까도 싶었지만
동행하는 것만으로도 감사하는 마음으로
해 질 때까지 갈 것입니다.
늘 열강 해주시는 P 교수님 파이팅.

2009년 己丑年 初春
남상아 씀

남상아 시집 **知命의 나들이**

책을 내면서

제1부 소유의 공간

제2부 사계를 벗하며

제3부 발품의 시

제4부 시집평설

제1부

소유의 공간

집 · 1

갓도 못쓴 허술한 대문 기둥에 척 걸쳐
문지기 행세하는 집 구렁이

상 할머니처럼 주저앉아 버리려는
통쇠가 있는 까대기

안방 웃방 마루를 껴안은 채
지금도 장수하는 안채

오줌 안싸기 밤 똥 안누기
솥뚜껑 두드리고 닭장에 비는 뱅이

웃방에 들어가면 늘 귀해주시던
상 할머니와의 이별을 배우고

마루 기둥 싸안고 여섯 살 가시나가 몰래
눈물 짓던 구석기시대 같은 구만이집

집 · 2

논 가운데 홀로된 독도 같고
두꺼비처럼 납작한 홈복거리 집

할머니 몰래 물처럼 새나와
피난 간 부모님 찾아 나선 도토리 삼남매

학교 앞 지나자
B 29의 폭탄세례에

벼락 치듯 검은 연기 속에
찝차가 연기로 사라지고

겁에 질린 뜀박질 뛰고뛰고 당도한
달동네 파도리 당고모집

기억조차 무서운 B 29
비행사 눈 밝은 덕에 오늘을 산다

집 · 3

저물어가는 석양녘 낙엽빛으로 선
전기도 끊긴 헌털백이 이층집

꼬깃꼬깃 꼬장물 묻은 그런 사람들이
방 하나에 목숨 붙이고 사는 성냥갑 굴집

대들보 취직에 온가족이 목을 매 것만
귀 막고 딴청만 하는 낮달 같은 하나님

군산 살이 3년 아궁이 온기 식은지 오래니
솥에 밥은 몇 번이나 지어먹었을지

우리 가족사에 다시는 없을
안개같이 침식해왔던 아사의 고비

집 · 4

혁성아 어데갔니 나만 홀로 남겨놓고
누구를 믿고서 살라고 너희들만 갔느냐
목이 메어 불러 봐도 대답도 응수도 않느냐
어머니 아버지 원통하오 동생들이 불쌍하오

누군가 꼭 우리 같은 사람들이
누군가 이 세상에서 울며 부르다간 노래

정강이가 하얀 짧은 바지에 아침도 굶은 채
진눈개비가 뺨을 때리던 날 서울 간 오빠가
우리의 시체를 안고 울며 부를 것 같은 유행가 가사

누군가 이 밤도
여울 같은 키타 소리 앞세우고 흘러 간다

왜 이리 세상은
슬픈 노래뿐일까

집 · 5

몇 년의 재판 끝에 얼음방 마저 쫓겨나
길거리에 나동그라진 돌멩이 식구들

몸담은 오두막집 관처럼 내주신
모주집 충청도 뻰데기 할머니

콩 과자만한 안방 필통만한 작은방
닭장 부엌 급하면 아기처럼 싸버리는 하늘

깊고 험했던 인생파도 속에서
하늘 사랑을 만난 구세주

겨울 봄 여름 세 철을 살고
서울로 왔다

십년 후 찾아가 보니
황성옛터가 된 할머니 오두막집

집 · 6

어머니마저 할아버지 위급전갈 받고 시골가시고
오빠 혼자 모래 퍼 올려 지은 판자집

선인장 꽃처럼 밤에 몰래 피었다
날 밝으면 유산되는 달랑 방한 칸

할머니도 할아버지 따라 길 떠나시고
오도 가도 못하시는 우리 부모님

억지가 사촌보다 났다는 말
실감하며 사는 세상살이

아무도 스스로 원하지 않아도
태어날 수밖에 없는 판자집

집 · 7

학교 옆 터 넓은 집 한 채 났다고
바람 불면 날아갈 듯 음악 같아도
훗날 우리 가족 살만한 집을 지어보자고
때도 안 묻은 판자집과 이별을 했네
올겨울엔 개다리 장갑기계도 두 대 놓고
따끈따끈 풀빵도 구워 팔고
재봉틀일 포장일도 하청해주고
그러나 늘
그런가 하면
저러는 게 사람 사는 세상 일
이 집과 터는 학교부지라서
이 겨울 당장 철거 통지야

또 집 없는 민달팽이

집 · 8

다섯 번도 넘는 유산 끝에
겨우 목숨 붙인 열세 평 판자집
방 셋 부엌 손바닥만한 마당 화장실
그 위에 장독대
온 가족의 태풍의 눈 같은 산물
다 접어두고
현무암이듯 흙벽엔 숭숭 뚫린 구멍 뿐
마라톤보다 더 급한 100미터경기
어느새 뛰고 있는 일급 선수들
부모님은 벽돌집을
우리들은 아파트를 꿈꾸며
굽이굽이 문경새재를 넘는다

집 · 9

캥거루처럼 담아 기른 태중태아를
저당잡히고야 빠져나온 무인도 같은 시홍

온 몸이 종합 병원이 되어
이어령 저어령 병산준령이 됐네

앞산을 보면서
친정 옆에선 살지 말자던 처녀 때 결심
도로묵이 돼버린 살코기 비애

산 첩첩 병중에 재봉틀에 앉아있어도
핏줄의 따스한 온기로
위로받은 일양약품 집

집 · 10

배도 안 부른 연탄가스 흠뻑 마시고
베옷입고 산으로 가렸더니

상복입고 머리 풀고 세웠던 둑방집
작은 언니네와 전세 들고

서울 살이 열두 해
부모님은 강부자 동네로 이사 가시고

긴 밤의 터널을 지나 우리도
금산의 고운 해를 맞았다

시뉘가 샘하듯 언니넨 공장에 불이 나고
우리는 봇물이 터지고

둑방 공사 철거딱지가 성남을 점찍는데
소월이 되어 열십자 한복판에 선 신세

집 · 11

왕고래등 주유소 사장님 이층집
새 사돈댁 통쇠처럼 황급해 앞뒤 없이 닥치니

휘발유 쌕시 한 냄새 풍기는 사람들
냉소가 얼음골에 가시방석이라

오면 가는 인생처럼 또
집을 찾아 길을 떠나야 하것만

독립군처럼 비밀스런 밀지를 품고
희망을 꿈꾸며 내일을 향해

주걱뺨 맞은 흥부처럼 고달파도
축원드릴 수 있는 마음이 남아 고마운 집

집 · 12

안동네 일할 방은 가보지도 못한 채
장터처럼 널어놔도
동색끼리 어울리니 속 편한 혁기네 집

몸은 수수깡인데
파도로 밀려오는 산더미 삶

돋아 오르던 해님이
검은 구름 속에 사그라지고

병원의 하얀 시트가
영원처럼 편안한 휴식

한겨울 내내 전주비빔밥을
가마솥 불 지피듯 퍼 넣었더니

고질병 폐결핵이 봄눈으로 녹아지고
대박이야 대박

너도 살고 나도 살고
온 동네 들썩들썩 엉덩방아

집 · 13

바람 꼬리마냥 해마다 저만치 뛰어가는
마라톤 선수 같은 집값
일손은 쉬더라도
대박 난 것으로
그 놈을 잡는 것이 상책이어서 샀던 집
대문은 내 이마를 찧고
30년 흙집에
마당이 두어자 길 아래 있어
장마가 먼저 입주할 판이고
3년이나 내놔도 임자조차 없었다고요
헌데
마당에 발을 딱 놓는 순간
이 집이 내 집이야 하는 놈은 또 누구야
마당이 그만하면 원단 한차는 부리겠고
크게 달아냈다는 건너방을 보니
재단도 할 만하겠고
정작 봐야할 안방은 보지도 않고
계약을 했겠다

3년 후
미운 오리새끼가 백조로
탈바꿈한 집

집 · 14

6차선 도로가 난다고
집이 세 채나 홍수에 쓸려가듯 허물어지고
못난 내 집이 부끄럽게 큰길가로 나가 섰다
팔랑개비 입들은 오가며
호박이 넝쿨채 굴렀다고 연 꼬리 춤이지만
일이 겹쳐 납품약속 못 댈까봐 가시방석이다
작은 채를 뜯어 가계를 맞추려니
안채 갓방이 걸려
살짝 신부처럼 모셔 내려니
교통사고당한 노인인양 바글바글해져
핑계 삼아 누워버리는 안채
어부지리로
8인치도 아닌 풀 창 같은 4인치 불럭 집
오랜 시달림과 산고 끝에 출산
나처럼 소재는 약하지만
밀물썰물 들락날락 줄다리기로
40평 대지위에 다락 지하실까지
필요에 의해 지어지는 우리들의 삶

외벽을 방수 탄 세면으로 싸 발랐더니
30년이 넘도록 벽에 곰팡 한번 안피고
효자비 세워도 좋을 자손 같은
버팀목으로 기둥 삼을 집

거울 속의 집

빽빼꾹 빼꾹 꿩꿩 얼쑤
육자배기 가락 골골이 물사래 치는 지리산
중산리 사자목 문수호 발등 아래로 잉
청매 벚꽃 산수유 자운영 꽃이 빽빽이 박힌
수틀 같은 양지 뜸 이제 잉
흰 이불 쓴 보리 싹이 밤마다
오줌 싸듯 오월을 꿈꿔쌓고 잉
비단풀 엮어 서방 각시 짝지어 놓고
까르르 여치 웃음소리 간지럽던 유년의 비디오
섬진강 은어 뛰어오르듯
창공을 걷어차고 휘돌아
솔개나래 펼치듯 비비빙
오색상모 금줄 치던 그 솜씨
사물패 바람잡이로
정월 대보름 달집 불꽃 붉게 춤추던 소원
찾아가 보면 되레 낯선 타향
그란디도 고향허먼
어머이 젖무덤 맹키로 불쑥불쑥

억새머리 세질 수록
먼지 털고 새 얼굴 내미는
거울속의 집

초가집에는

겹 상복 포개 입은 돌담장 배나무
쌍계사 벚꽃처럼 벌집 덩이로 피어오르는 오월이면
장독 섶 골담초꽃 녹황색 향기에 취해
자축 파티로 잉잉대는 벌 나비 떼
구남매 생산 공장인 어머니는
만삭인 장독 이마 진간장빛 거울 위로
홍고추 숯 청솔가지 만국기 탯줄걸기 바쁘고 잉
음메에
누렁이 눈 웅덩이엔 마알간 바다 빛 하늘
물기 묻은 쇠아치
젖은 몸 혀로 핥아주면
금시 껑충껑충 뛰는 송아지
푸파푸파 하모니카 구성진 쳇국밥 짓는 사랑방 쇠죽솥
워리는 싹싹 아그 엉덩이 달고 라
핑핑핑 풍뎅이 앞 뒷마당 쓸고요
아궁이 구수한 씨감자 향기 소리 같은
정겨운 옛 사람들
지금도

호호 하하 웃고 있었요
주말 연속극처럼

내집

햇살이 조명처럼 쏘는 4층 옥상
꽃들의 경염이 벌이는 화려한 패션 쇼다

벌 나비 참새 비둘기가 귀빈 대접인
꿀 먹고 춤추며 천사나팔 부는 하늘공원

솔개날개 동앗줄도 없이
한 계단 한 계단 숨차게 오른
장가계 보다 숱한 계단들

돌아보니
한눈에 보이는 길고도 짧은 순간

해와 달 별을 머리에 이고
먼 산이 내다보이는
까치집 같은 내 집

구담 뗏집

산보다 험하고 바다보다 깊은 땅에
소처럼 매인 어머니와 소금밥 삼년
금강 물 새우치기 삶 입에 풀칠 고달퍼도
회수를 바라고 서니 그리워라 그 시절이

도랑 처 잡은 메기 팔아 천일염 사고
깔 머슴 애 등 팔아 얻은 밥 품고 오면
어머님 따스한 손길 등을 쓸어 주셨지

어머님 떠나시고 울며버린 구담 뗏집
삶 살이 버거울 땐 찾아와 서성이던 곳
둑마저 흔적 지워 바람도 맴을 돌다 떠난다

제2부

사계를 벗하며

봄의 서정

봄은
노란 수선화 고깔 쓰고
때굴때굴 팽이처럼 돌려대는 사물놀이패다

봄은
바다 물살에 너풀너풀 흔들리는 다시마
미역줄기로 춤추는 상모자락이다

봄은
둥둥둥 북 울리고 징 장구 꽹과리로 난타해
사물을 깨워 갈증난 입덧으로 햇살 핥는 입맞춤

봄은
창 없는 방에 얼어붙기 싫어
밖으로 내달리는 시냇물 같은 열여덟 가시내 마음

채송화

그림자 지워버린
정오의 작살 햇살이
콕콕
바늘 부리로 쪼아대면
툭탁툭탁
가마솥 튀밥 일구듯

불꽃으로 튀어 오르는
아기 별꽃

청매

이른 새벽녘 잠깨어
살얼음 깬 손 호호 불며
냇가 창 시린 찬물에 빨래하시는 할머니

겹 상복 포개 입고
상청 메 울리시고
겉 보리 절구 찧고 확돌로 갈고 닦아
다그락 다즈락 은가락지 정성 빌던 손

파르르 떠는 듯 흰 치마저고리
만 번이나 기워 입은 삶 조각

한 소리 내어
울어보지도 웃어보지도 못한
탯줄 묻은 자리 나서 살다
하르르 하르르 바람 날리며
섯거친 날 피었다 진 이조의 여인

석류 · 1

바늘 하나 꽂을 틈새도 없이
벌집 닮은 벚꽃이나
옥수수처럼
안방 건넌방 윗방 언니 오빠 방
빼곡히 들어찬 우리집
수정같이 마알간 마음들이 어울려져
화엄을 꿈꾸는 집
마음 써 알알이 줍지 않으면
가을 타작마당 콩처럼 흩어져버릴
한 알 한 알이
씨알로
하얀 치아 드러내고 웃던 날들
노을빛 드리우니
그리움 밀려
홀로 입 벙글어 보는
유년의 그 집

석류 · 2

투명한 수정 잇속
입술 쪼개는 치아 미인

나비 접어 머리 묶은
빨강 댕기

보석 항아리 인 그녀
생각만 해도

입안 가득 샘이 고이고 꿀꺽
침을 삼킨다

능소화

온갖 꽃들이
피었다 지고 나면

초여름 햇살처럼 쨍
능소화 꽃망울 터뜨렸다

봄 가을
고운 시절 마다하고
무슨 사연 있길레
장대비에 젖으며
피는 것일까

비 맞아 가슴 젖는 날이면
능소화 꽃잎
우수로 핀다

산딸기

팔십년만의 가뭄으로
산 불난 뒤처럼
줄기는 타다 남은 부지깽이 였었는데
어느 날 문득 보니
꼬인 꼬챙이마다
잎새도 없이
새빨간 꽃 같은
산딸기 밭이다

종을 연이으려는
살아있는 것들의
최후의 증언

생명의 신비로운 화음이
온 산을 휘감고
느끼는 가슴 가득
울려 퍼지고 있었다

천사 나팔꽃

옥상 한줌 흙 속에서도
금종을 백 개나 달고 땅을 향해
나팔을 부는 나팔수

거대한 선박이 된 지구
검은 기름띠를 두르고 급물살로
가랑잎처럼 떠내려간다

사람 살려
사람 살려

지구는 사람이고
사람은 우주다
스스로만이 스스로를 구할 수 있는 우주

군자란꽃

시침 딱 떼고
가부좌 점잖게 틀고 앉아
푸른 검 잎잎이 닦으시며
열 자녀 호령 하시는 엄친

거울 속 봄으로 돌아가면
무너져버린 무덤가
열여섯 꽃잎 지던 첫 순정의 밤
첫정에 우는 남자

술 바람 날개 달고
온 산골 등성이 싸돌아
상채기 온몸 검붉게 흘러도

망백의 그늘 흰 눈 속
설중매
신부의 부케처럼 붉게 피는
군자란꽃

작약

햇살 꽂히는 한 낮이면
분홍 목젖까지 드러내고
까르르 허리 젖히며 날개 터는 꽃 장닭
꽃술 노란 병아리 거느린 어미닭모양
느긋이 황진이가 되어 뜨락을 거닐다가도
진초록 잎새 빛 밤이 주춤주춤 접었던
어둠을 펼쳐 장막을 치면
꽃술노란 가슴 싸매고
꽃잎 도르르 말아
봇짐 쌌다 풀었다
박물장사가 되기도 했던
내 봄날은 그렇게 가고 말아

물옥잠

로뎅의 생각하는 사람처럼
물위에 앉아
꿈을 꿉니다

보라빛 돛폭을 세우고
전설의 공작날개에 박힌 눈을 박고
수평선을 향해

안개 자욱한 해변을 응시

언젠가는 파도를 향해
떠나가고 싶은
노 없는 돛배

칠면조 장미

연 노란 손수건으로

분홍빛 볼과 입술 가리고

빨간 마후라 바람에 날리며

무지개로 서는 꽃뱀

신종 으아리꽃

감빛 하마입술
낙타 쌍봉 유방
댕댕이 철사허리
뭇 시선으로
칭칭 감아 살이 찐
탱탱 축구볼 엉덩이

쎅스 심볼
육체파 마릴린 먼로

단풍잎

그 손은 늘 핏물이 들어 있었다

지리산 피아골 돌무더기 속
산채로 덜 묻힌 단풍나무 손

누렇게 변장한 일진의 군대 뒤를 이어
외삼촌들이 고모부 고모가 두런두런
앞서거니 뒤서거니 산으로 가고

가면 돌아 올 줄 모르는
불귀의 저승으로 닿는 협곡

이 가을 피아골을 불태우는 단풍잎은
그들의 넋이 아니었을까

낙엽

누군가 신고 가다
벗어 던진 미투리 한 짝

여기저기 굴러다니는
외짝 신발들

무에 그리 바쁘길레
제짝도 못 챙기고

주인이 누구길래
어디로 가 버렸길레

임자 잃는 헌 집신 짝만
수북이 쌓이는 늦가을 길

눈

댕기 자죽도 안 풀린 막내고모
휘엉청 달밤에 영암춘 두지바우 지나
범이 산다는 문수골 넘어
서방을 찾아
세상이 무서워 산으로 갔다가
서방만 죽이고 산을 내려와
한겨울 얼음 못에 갇혀
뛰도 넘도 못 할 때
하늘에선 펄 펄 펄 함박눈이 내려
절명하신 할머니 몸뚱이 위로
새하얀 겹 상복을 입혀주었지

흘러간 옛 노래

삼십년 배꼽친구 침목계
열여덟 아가씨들 가을 나들이

종양언니 태초의 노래가락 뽑던 날
케잌 샴페인 시낭송 박수잔치

옛사람 옛 노래 언제 불러도
가슴속 메아리로 감기는

쓰고 있으면서도 안경 찾고
돌아서면 잊어버리는
건망증도 함께 나들이한

옛사람이 모여 테이프 돌리듯
옛 노래를 밤을 새워 부르고 또 부른
추억속의 제주도 여행

예몽 · 1

어머니를 뵈러 갔더니
아기가 질펀한 오물 속에 누워있다

아기를 닦아 방바닥에 뉘인 채
나머지 치우기에 바쁜데

천둥소리에 돌아보니
장승같은 노인 셋이 아이를 챙기지 않고
뭣 치우는 것에 정신없다고 호통이시다

일주일 후
고향 가셨던 어머니의 부음

이제야 꿈 풀이가 됐다

어머니 생전 원대로 남자로 태어 나셨고
나는 그것이 믿어지는데

아무것도 하지 못한 내게
웬 예몽인지
그것이 지금도 알 수 없다

예몽 · 2

물 없는 섬에 갇혀
신경성 위장병을 앓고 있을 때

누구에겐지
자주빛 구두를 선물 받은 후

시아버님께서
김삿갓 개나리 봇짐만한
길 떠날 노자를 챙겨 주셨지

싸리 빗자루로 박박 쓸어 모으고
묶인 끈 풀어 제치고
막힌 벽 뚫어 길을 내도록
뒤 돌아 볼 틈 없어도

잊혀지지 않는 생생한 예몽
사차원의 영적지시 같은 것일까
내 잠재의식의 기원일까

예몽 · 3

홀연히 대문이 열리면서
눈보라가 몰아쳐왔다
문을 닫으려니 속옷 바람이다

문지방을 가로질러 누운
딸의 얼굴에
하얀 눈송이 몇개가 날리고

재개발 바람 징조 같은데
딸아이 모습이 가시처럼
박히는 것은 왜일까

칠삭둥이를 조산한 딸이
출혈이 심해 재주술을 하고
지옥을 왔다 갔다 해도

꿈속에서처럼
아무것도 할 수 없는 내게
예몽이 무슨 소용일까

예몽 · 4

손톱만한 증명사진속의
어머니

생시에도 흑백사진 한 장 없는
주민등록 사진 한 장

뭔가 점찍어 주고 싶으신 게
저승에서도 있으셨던 걸까

파아란 예원의 잉태 소식이
봄날 제비처럼 날아들었어요

사는 것이 사랑 하는 것

텃밭에 가면 머루 다래 뽕잎
둥글둥글 사랑 마크 달고
살랑 바람에 향기 날리며
사랑하자사랑하자

뜰아래 수수꽃다리
온몸 수북이 사랑 잎새달고
사랑해요사랑해요

삶 살이 숨가빠
사랑 같은 것 사치라고
닭 보듯 했는데

사는 것이 사랑하는 것이라고
노을도 온 하늘 적셔 물들이며
속삭이네요

수심(愁心) 과 수심(水深)

인생이 별건가요
피차
가슴 터놓고 보면

산보다 무거운 수심(愁心) 짊어진
석자 키
사람 가슴속 뜬구름인 것을

수심(水深)이 제아무리 깊어도 울 엄니
두레박질로 떠올린 사랑 끈에야 미칠까

마음

어떤 이는 나를 보고
왜 사느냐고 묻고

어떤 이는 나를 보고
잘 산다 한다

또 어떤 이는 나를 보고
뭣 때문에 사느냐 묻고

어떤 이는 나를 보고
그렇게 사는 게 인생이라 한다

눈 감고 거울을 보니
무학이 껄껄걸

목화 떡

패랭이꽃 지천인 강변지나
바람이 그네 뛰고 노는 정자나무 그늘 건너
정지 뜸 오르막 길 목화밭에는

땡볕에 화상 입은 목화꽃이
나비날개 달고 피었다진 자리
자두만한 열매 달랑달랑

문둥이 열매 몰래 맛보고
목련꽃 목화송이 피어오르면
큰언니 시집보낼 이불솜이다

가을걷이 이삭 디딜방아 찧으면
다문 입 벌리고 토해내는 흰쌀밥

할머니 바꿔주신 목화 떡 한쪽
그 보다 맛좋은 떡 아직 못 먹어 봤소

초승달

여름 초록 초승달 벤치에
앉은 두 사람

사내의 팔이 계집의 어깨에
초승달로 걸린다

사내의 눈길 따라
계집의 눈이 초승달로 내리깔리고

두 가슴엔 스마일표가 새겨지고
황진이 같은 만월이 뜬다

보름달

꽃 같던 젊은 날
새댁적
어머니 얼굴

거울 속에 늘
만월로 뜨는

오늘은 내가
거울 속 명월로 떠 본 다

바다 · 1

강강수월래처럼 줄줄이 허리춤을 잡고
마당가득 늘어선 씰가지* 잡기

쌍불을 켜고 칼바람 불 듯 날아든 씰가지
꼬꼬댁꼬꼬댁 사시나무가 되어 소리치는 닭들

보채듯 칭얼거리고 칭얼거리듯 보채는
풍요로도 채우지 못하는 결핍의 손놀림에 돋는 금비늘

돋아난 금비늘을 번쩍이며 거대한
고기 한 마리가 아가미로 아침을 토해낸다

* 씰가지 : 살쾡이의 방언(경남).

바다 · 2

정덕초등학교 새벽 운동장은
썰물이 빠져나간 바다처럼
시커먼 개펄만 드러내고 있다

이십 여명의 육십 대 처녀들이
사교춤처럼 짝을 지어 치는 배드민턴
주고받는 공이
어둠을 뒤집었다 폈다를
파도처럼 되풀이 한다

게임이 끝나면
밝으레한 동녘에서부터
개펄을 뒤집어 쓴 어둠을
벗겨내고

파였던 주름을 햇살로 펴며
라일락 향처럼 싱그러운
시니어들이

찬란한 별이 된 하루를
신랑처럼 맞는다

바다 · 3

철거덕철거덕 쇠사슬 끌며
산을 향해 달려오는 파도소리

초원의 말떼가 허연 거품을 물고
갈기를 세워 달려오는 말발굽 소리

분노의 함성으로 패대기쳐 던지듯
뿌리치며 기어오르는 야성의 고함소리

그러나 한 번도 산을 오른 적 없이
메아리로 말아 되돌아 설뿐

오늘도 바다는 갈기를 세워
달려왔다 되돌아가는 회귀성 짐승

지현이

흑진주 빛나는 눈망울
앙증스런 조갑지 빈대코
잘도 웃고 잘도 삐지고
말 잘하는 똑똑 참새 입술

영어회화 뽐내며
씽크빅 수영 미술 피아노까지
일정에 쫓기는 종종 노랑 병아리

어디 그뿐인가
태권 검도 다 하고 싶은
일곱 살 꼬맹이

동시지어 붙여 놓고
낭송하는 작은 애기시인

콩처럼 땍때굴 구르며
떼쓰는
통통 튀는 탄력 100% 탁구 공

혜윤이 첫돌에

장미 꽃잎처럼 붉게 물든
탯줄 위를 곡예 하듯
칠삭동이로 태어난 너

매정한 칼바람에
잎새로 매달려 핏덩인 채로
항변하던 네가

태양처럼 떠올라 먹구름 헤치고
윙크와 보조개 아양으로
함박웃음 선물보따리 안겨준 천사

오늘은 작은 아기 천사지만 훗날
세상의 빛으로
솔개처럼 날아올라라 내 사랑 혜윤아

그리움

잃어버린 날개

녹지 않는 결빙 속에서

푸른빛 비늘의 생선처럼
한사코
팔딱거리는 심장

씨 묻을
한줌 흙 향기 좇아

종자만 싸안고
맨발로
삼계(三界)를
싸도는

빙산의 갈바람

벌 나비가 사라져 가요

백 개가 넘는 화분의 꽃나무가
옥상을 작은 남산으로 만들었다

봄부터 초겨울까지
향과 빛깔로 요염한 자태의 유혹이다

한 마리 나비 몇 마리 벌이 왔을 뿐
꽃들이 심혼을 철철 내 품는 향기에도
유혹은 무용지물이다

내 소녀 시절처럼 나풀거리던
벌 나비도 사라져버리려는 무서운 지구

정성껏 꽃가루를 묻히 것만
몇 알밖에 열리지 않는 앵두

이젠 꽃으론
아무것도 할 수가 없나보다

대추나무

해가 고까옷을 다섯 번이나
입었다 벗어도
끝나지 않는 6호선 지하철 공사

기다리다 못해
장위동으로 이사를 갔다

참다못해 곱슬병이 나버린
대추나무

두 해를 살고 집으로 돌아오니
쑥 자라 대추 볼이 빨갛다

대롱대롱 대추알 따 담으며
할아버지 하하하
지현아 하하하

대추 맛이 곶감처럼 달디 달다

낮달

한가한 돌 자갈밭길
허름한 목로주점
느티나무 가지 끝에 지연 하나 대롱대롱
취기 붉은 술손님
투박한 막걸리 사발에 뛰어내려
급하게 꿀꺽꿀꺽 들이키고
멀게져
구름 속으로
도망 가버린
뿔도 없는 낮도깨비

제3부

발품의 시

나의 시

눈이 시어(詩語)서 백태라도 낀듯 싶어
백내장 수술이라도 할까하고
병원을 찾아 갔더니
시신경이 끊어졌다고요
망막 검사를 해 보라고요
그래서 어떤데요
진단명이 뭐냐고요
지구 같은 동공엔 히끗히끗
별 아닌 별이 떠 있고요
더 많은 별이 뜨면
실명할 수도 있다구요?
아니요
눈 감았다 뜬 내 뇌파도
백 살이 넘는 시를 읊조리고요
숨 거둔 옹달샘이 시내로 흐르던 걸요
황혼이 골목마다 손수건 흥건해도
감았다 눈 뜬 내 뇌처럼
찐짜 별이 떠오를 거예요

땅끝에서

발길 가는 길이
무덤같이 캄캄하여

열여덟 가시나와
맞닥뜨렸다

살 것인가
말 것인가
햄릿이 된다

피고 지는 것
꽃이면서
알 수 없는 것으로
피고 지는 꽃

길을 가는 것은
길 위에
길이 있으니까

대흥사(大興寺)

두륜산 두 어깨로
하늘을 메고
천년 학
둥지에 알을 품었어라
서산대사(西山大師)의 웅비(雄飛)한 웅지는
태산이 바다가 되어도
연화로세
강산을 넘어
때 저린 옷 훌훌 벗으니
신궁(神宮)에 든 듯
날개 돋히네

백령도 · 1

엉덩이 걸친 청바지 터질 듯
티셔츠 집어넣고
노랑머리 라면 끓여 챙 모자 눌러 쓰고

바다만큼이나 확 트이고
파도만큼이나 시원스레 찰랑이는 말소리
젊음이 기타줄 통통 퉁기듯 출렁이는 그녀

총알 운전 솜씨로
분수로 내쏘는 유쾌한 유머
녹두전 구수한 인정까지
안개 해변의 불도저 여장부

사내 같은 그녀가
시를 좋아 한다고
믿거나 말거나 지만

비취빛 바다만큼이나 진한
그녀의 향기
이제도 툭툭 튀어 나오는
청바지 처녀

백령도 · 2

– 사곳 해수욕장에서

물기 걷힌 녹말처럼
밟으면 뽀드득 소리 날것 같은
미세한 흙 모래밭 돌같이 딱딱한 암반
부처님 이마 전 인양 시원스런 해안선
누가 빨아 널은 광목 한 폭
길게 느린 한끝
시선에 끌려, 한동안 따라가던
밀물 썰물 들고나는
그 물살에 마음도 출렁이던
빈 바닷가
굴껍질 같은 납작한 작은 집
호젓하고 스산할수록
비밀한 것이 묻힌 것 같은 처녀지
하루의 힘겨운 짐 이박 삼일
내려놓고 가는 나그네

백령도 심청각에서

둥둥둥 북소리 울리며
짙푸르게 치솟아 오르는 물결

장산곶마루는 길게 누워 흔들리는데
영상처럼 떠오르는 멍든 하늘

억센 해풍이 팔 뻗어 머리채 휘어잡고
홑치마 자락 휩싸 잡아 일어서는 해일

머리 들어 볼 수도 없고
눈뜰 수도 없어

죄지은 마음 떠밀리고 나둥그라져
쫓기 듯 도망쳐온 울고 서 있는 심청각

섬

오색 빛이 샘솟는 섬 하나
가슴에 묻고 산다

왼 종일 가도
닿지 않는 섬 하나

기차로도
배로도
비행기로도 갈 수 없는

오직 절름발이
내 발로만 가야 하는 섬

그 섬이 그리워
오늘도 나는
의족의 행보를 멈추지 않는다

시비(詩碑)

요즘 문단에는
시비(詩碑)가 시비(是非)로
현대시보다 더 난해하다

자기 시비(詩碑)를
세우는 것에 대하여
도끼눈을 뜨는 측

시만 좋다면야
생전에 보람과 행복을
꿈꾸는 측

생피 도는 시한 편
무릇 사람들 가슴 가슴에 심고 싶은
시인의 열망이야

영안실

떠나가야 할 이와
남아야 할 자의 갈림 길
현대판 시구문
이승에서 머물 수 있는
사자의 마지막 방
이별을 어둠에 묻는 순간
백지장처럼 하얗게 정지되는 심장
눈물도 말라버린 허깨비 공간
한 줌 재로
너를 보내고
세월의 끝자락으로 떠나가는
남겨진 이는 갈림길에 서 있지만
두려움도 아쉬움도 없는 듯
나도 그 길의 끝
종점을 걸어가고 있다

술

술은 지리산 골골이 이같이 박힌 반란군이다
밤마다 어둠을 뒤집어쓰고 내려와
개들을 미쳐 널뛰게 하고
온 동네 들쑤셔 공포탄을 쏘아 올리고
짐꾼 끌고 곡식과 소 돼지 닭을 몰고 가는 빨갱이다
고양이 쥐 갖고 놀 듯 물었다 놨다 굴렸다 집었다
피난 간 식구 찾아내라고
문짝을 열었다 닫았다 카당 쾅쾅
안방으로 뒷방으로 보릿자루가 된 새끼가
백번이나 밟혀 죽을 듯 무서운 호랑이 아구박이다
첫 닭이 울면 유령으로 스러지는 도깨비 같은
우리 어머니 인생살이 고갯이 끝의
금 싸래기 꽃으로 피어오른 구남매다

관선헌(觀仙軒)

백조처럼 고운 너

너는 시가 되어 내게로 오고
나는 환쟁이가 되어 너를 그린다

멀지도 가깝지도 않는
너와 나의 거리

청사초롱 들고 섰는 처마 끝
보랏빛 작은 들꽃들의 속삭임
바람 불어 얼어서는 대나무 숲
천리향 실어 나르는 뜨락

무지개 추억으로 간직한
너와 나의 만남
그리움 흔적 새긴 얼룩
평생을 지우고 헹궈도
그날로 곱게 남을 거야

화엄사의 달

묵화 치는 동백나무 그늘 아래로
뚝딱
꽃시계 지는 소리

소리 가락으로 말아 올려
상모 돌리듯
대낮을 모로 미끄러지는
빙상의 달

차가운 너를 안고도
가슴이 노을처럼 황홀해지는
대낮같이 하얀 밤

한 세상 잊고
벌꿀맛에 취해
정사에 들다

한라산

진회색 안개 푹신한 이불 뒤집어쓰고
문 걸어 잠그고 숨바꼭질하는 개구쟁이

눈 모자 초겨울부터 삐뚤 쓰고
귀에는 네시바 색안경에 마스크

일 년 내내 75일 밖에
얼굴 한번 볼 수 없는 괴짜

면벽 기도 중 몰래 들어가면 벼락 치듯
개굴창에 처박는 얄궂은 심술 통

서해안 파도가 이를 갈아도
사고초려(四顧草廬)에도 얼굴 한번 못 보고 온
한라산 백록담

화엄사 곽각전

주지스님이 시자에게 내민 두루마리 하나
오늘 제일 먼저 만난 사람에게 전하라
아랫동네 홀로된 할머니 보살이 첫 대면자
받아든 두루마리 사연을 알자 그만 물에 풍덩
나라 공주님이 태어나셨는데
손을 못 펴는 조막손이라
온 나라에 방이 나붙기를
공주 손을 펴 주는 자는 소원을 하나 들어 주리라
주지스님이 공주 손을 잡자 손이 펴지고
손에서 떨어지는 두루마리 한 장
임금님이 감복하시어
보살의 소원을 들어줬다는 얘기
곽각전 하나 짓는데도 굽이굽이 사연인데
나는 무슨 소명으로 이 세상에
오게 된 것일까

호깨나무

둑방을 쌓아도 설사는 실뱀처럼 기어 나오고
뜨물죽으로 땜질을 해봐도
꽥꽥 오리트림이라니
입맛 끈이 딱 떨어져 할미 기운에다
임당수 갈 심청이도 없는 세상에
눈은 왜 자꾸 감기고 따가운 거여
병원 선상님
위기능이 약하고 피로가 겹쳐 바다가 됐다고요
아무래도 간장병이 도진 게야
지금은 추석 긴연휴
사골 곪듯 고놈을 고아 마셨더니
죽었던 입맛도 나사로 마냥 살아나고 라우
눈 따가워 못 보던 아침마당도
황진이 벽계수 보듯 보았지라우
세상에
낮 짝이라고 시꺼먼 도독 같은 것이
속 맴은 사과 속 같이 희고 고와서
글씨 나가 부활 안해 부렀소 잉

하늘공원

닫힌
창 하나 열면
파랗게 내쏘는 산소통

봄이면
순풍산부인과에서
몸 풀어 제치는 꽃 산모들

여름엔
열대아 잉걸 불에
숯불에덴 토마토 대추 꽃 사과 앵두

가을경에 취한
그대와 나

겨울엔
꽃불 진자리마다
씨알 하나 남으리

호수공원 · 1

연두빛 반짝이는 오월의 햇살이
넉넉하고 한가로운 호수면 위에
톡톡 튀는 피라미처럼
싱그럽게 튀어 오릅니다

잔 물살마다 비늘이 되어
온몸에 비늘로 밝히는
거대한 한 마리 은어가 됩니다

호숫가에
붉고 고운 장미가 피어
꽃그늘 풀어 적시며
꽃 비늘로 헤엄쳐 봅니다

나는
한 마리 고기인가
꽃인가 어리둥절 합니다

호수공원 · 2

지친 날개 헝크러진 시간들
쉬게 하는 요양원

줄에 널린 빨래처럼 흔들리며
일어서는 또 하나의 거울 같은 호수

지구가 참다못해 후끈후끈
열 뻗쳤는데

살랑이는 바람 다사로운 햇살
벌 나비 없는 세계꽃박람회

꽃향기는 아직
이리 진한데

하늘이 검처럼 시퍼런 이유

지진으로 숨 못 쉬는 중국
미국 여배우 남의 불행에 기름 붓듯
죄 값 운운 부채질

거센 중화 여론에 밀려
공개사과는 했지만

미모는 여우 얼굴에
빛을 더해주지 못했다

지진대신 허리케인이
집과 생목숨을 바람으로 말아 올린 미국

하늘도 이젠 참지 않고
그때그때 응답 하나보다

외도(外島)

비너스
파도위에 흔들리며 떠있는 비너스 상

학
외쪽다리 꼬고 선 청솔 위 백학

오석에
새겨진 가신 님 이름
파도 비늘도 썼다 지우며

깃발로
외쳐 부르지 않아도
그리움 노을로 태워
붉고 푸르게 영그는 탑

그린 마일리지 캠페인

이마트 홈플러스 롯데마트
6월 5일부터 2차 포장 거부
생필품 세일 연중행사 일원이다

부글부글 거품 걷어내고
먼지 때 씻고 닦고
동물 털 사치 벗어놓고

작은 정부 작은 집
간결한 식탁경영이 캠페인의 효과를
양념으로 쳐 맛을 보탰다

사람 사는 세상
그린 마일리지 캠페인
소문처럼 퍼져라 지구 끝까지

나의 음악 선생님은

내겐 멋진 두분의 음악선생님이 계십니다
트렘펫처럼 탁 트인 목청으로
돌아오라 쏘렌토로와 코로라도의달밤을 열창한 고 정희언니

쇼팽의 이별곡과
슈베르트의 세레나데 그리고
솔베지송과 사랑의 찬가를 분수로 쏘아올린 연순 언니

파도가 출렁이듯 안무 같은 소음과
안개꽃으로 피어오른 운무에 묻혀
목청껏 토악질했던 야간작업의 허기진 삶속에서도

반짝이는 꿈의 날개
파닥일 수 있도록 깃털 세워주신
두 분

하마 칠순 고개도 넘으셨을 것 같은 두 분
어디서 어떻게 사시는지
애창곡 부르시며 멋지게 사시겠지요

제성호수

삼육대 뒷산 발등 아래
수정 반지 알 하나 박은 맑은 눈동자

숱 많은 나무 잎새에 가리워져
하늘 조각이 쪼개져 걸려있는 거울

엄마 등에 업혀보던 하늘별이
새벽별로 떠 흔들리는 가슴

요정처럼 거울 속에 숨어 있다가
이 새벽에 찾아와 마주 보네요

책

스타게이지 꽃처럼 진한 네 향기에 취하면
소태로 쓴 세상살이도 꿈처럼 달콤 했지
자정을 지나 삼경을 건너 출퇴근 시계가 울고
해가 뜨고 지는 지도 몰랐다
임은 나의 스승 애인 친구
오색 꿈꾸며 노젓는 작은 조각배
허나 너는 하늘의 별처럼
은하수 잉걸불로 이글거릴 뿐
견우 직녀처럼
만나 사랑 할 수도 없었던
사막처럼 가물어 목 타던 시절
이제
산처럼 쌓인 너를 보고도
흠씬 껴안을 수조차 없어
한세월 내내 장대비에 젖게 하는
배반한 애인 같은 너 너 너

제주도

조개구름 하얗게 깔린 하늘
파란 잎새치마 두른 바다

검은 괴석의 신사 현무암
깜찍한 가시 아가씨 파라칸타열매

길섶 골목어귀
수목원 길목길목

가을 서정의 멋 한껏 풍기며
조화의 극치를 이루는 변증법

뭇 시선 집중

황눈박이 비비새 눈 화살 마구쏘아도
사시사철 바다에 동동 떠
사랑 노래 뜨거운 바람둥이 제주 섬

정광 폭포

너와 함께라면
산더미 소용돌이치는 노도
만길 낭떠러진들 두려우랴

너와 함께라면
폭포로 부서져 물보라 되어
물안개로 흩어져 사라진다 한들 두려우랴

망설임 없이
머무름 없이
곤두박질쳐 뛰어내리는
훨훨 갈기 세워 날리며 떨어지는
백마 떼의 투신

투신만이 곧 삶이 되는
정광 폭포

담양에는

메타카스 가로수 떡갈비로 유명한 그곳은
내 소꿉 친구가 시집가 산다

신혼 일곱 해를 끙끙
앓아누워 알 낳는 새 신랑

핑크빛 잠옷조차 장속에 숨겨놓고
긴 세월 해바라기로 살아온 홍살문 열녀

그 정성 뒤질세라 한 세상 오직
대나무 절개로 화답하신 세상에 하나뿐인 열부

까막까치 다리 논
견우 직녀

푹 쉰해의 외출

소처럼 코뚜레에 꿰어
꼼짝 못하는 집으로 묶였다가
재개발로 마술처럼 풀렸다
백정의 탈을 뒤집어쓰고
종합병원이 된 몸을
붕대로 감은 해골
풀무로 헐떡거리는 심장을 지고
염리동 산꼭대기 잔설로 웅크린
녹아버릴 것 같은 나의 꿈을 찾아 나선
나무늘보
가을 산에 씨를 뿌렸다
성경 말씀 같은 콩나물시루와 물의 비유
눈도 깜박이지 않는 사이에
단발머리 교복의 소녀로 변모해 나들이에 나선
과천대공원 백일장은 봄 축제였지
연이어 다섯 살 애기의 낯선 외출과
오늘은 또 다른 여덟 해 만의 외출
공작 날개처럼 화려해 보고 싶은데 어느새
갈대꽃 머리에 이고 바람 앞에 선다

제4부

시집평설

시적 두 공간 조화롭게 형상화

박 진 환
(문학평론가 · 문학박사)

1. 前提

3부에 나누어 총 82편의 시를 수록하고 있는 시집『知名의 나들이』는 남상아 시인의 두 번째 시집이다.

"선인장 가시 같은 날들을 먹고 살아야 했던" 삶의 여정에서 만났던 시, 그런 시를 행운으로 알고 시도걷기 십수년만에 엮어낸 시집은 시인의 생의 족적이라고 할만큼 고스란히 시인 자신의 삶을 담고 있다.

역경에 역경을 거듭하면서도 시심 하나 기둥삼고 시의 길에 동행하는 것만으로도 감사하며 썼던 시 82편은 남상아 시인의 분신이자 삶 자체라는데서 큰 의미를 지닌다고 할 수 있다.

시인은「책을 내면서」란 글에서 "밥 · 나이 · 세월 또 인생을 쉬지 않고 먹었는데도 한치도 자라주지 않는 내 키처럼 걸음마도 못하고 앉아 있는 내 시"라고 시적 미숙성을 고백적으로 진술하고 있지만 실은 삶의 역경 하나하나가 마디와 마디로 이어지면서 견고한 시의 키로 우뚝 서 있는 시의 성숙을 보여주고 있다.

타성이나 시류에 흔들리거나 휩싸이지 않고 나름대로 시법에의 신념에서 시를 출발시킨, 그 때문에 어느 한편의 시도 흔들림이 없는 시의 견고한 응축성은 남상아 시인이 현대의 시법을 잘 알고 시를 출발시켰음을 보여준 것이 된다.

시 편편이 보여주고 있는 정서유희나 관념유희로부터의 일탈을 통한 형상으로 빚어내기는 각고의 노력 끝에 진입한 시법에의 접근이었을 것으로 보여지는데 그것은 대부분의 시편들이 현대시가 중시하는 레토릭을 즐겨 차용하고 있기 때문이기도 하지만, 달리는 레토릭에의 충실을 통한 자신의 시법에 대한 신뢰를 중시하는 태도가 돋보이기 때문이기도 하다.

특히 1부의 「집」 연작 시편들은 집들이 단순한 공간으로서의 집이 아니라 남상아 시인의 생의 공간이동이라는 점에서 하나의 집을 가숙지로 정하고 새로운 삶에로의 부단한 진입을 '집'이라는 가숙공간으로 제시해 준다는 점에서 남상아 시인의 생의 이동경로 내지는 생을 개척해 가는 부단한 새로운 삶에의 진입과정을 잘 보여주고 있다는 점에서 시로 그리는 남상아 시인의 시적 궤적이라고도 할 수 있을 것으로 본다.

그런가하면 2부에서는 「집」의 공간을 자연으로 확대, 자연에 순응하거나 자연과 더불어 사는 때묻지 않는 삶을 꽃과 계절을 빌어다 형상으로 재구성해 줌으로써 또 하나의 공간을 그려주고 있다.

끝으로 3부에서는 현장에서 취재하거나 재단해 온 시상이나 현장을 컷으로 떠다 재구성 해내는 시적 리얼리티를 잘 살려내고 있는데 이 또한 또 다른 시적 궤적으로서 이를 합치면 남상아 시인의 시는 세 시역의 궤적을 시에 긋고 있다고 할 수 있다.

시를 제시, 이를 구체화 했을 때 남상아 시인이 걷고 있는 시도의 이모저모는 그 본태를 고스란히 드러내 줄 것으로 본다.

2. 집의 이동경로로 그린 생의 궤적

연작 형태로 쓴 15편의 시 말고도 '집'을 대상이나 소재로 한 시는 많다. 그리고 이러한 집들에는 갖가지 명명이 붙어 있다. '구만이 집'(집 · 1), '당고모 집'(집 · 2), '전기도 끊긴 헌털백이 이층집'(집 · 3), '할머니 오두막집'(집 · 5), '판잣집'(집 · 6), '일양약품집'(집 · 9), '둑방집'(집 · 10), '혁기네 집'(집 · 12), '거울속의 집'(거울속의 집), '까치집같은 내집'(내집), '구담 옛집'(구담 옛집)등이 그것으로 시어나 시행으로 미루어 보면 그 어느 것도 변변한 집은 아니다.

집들의 명명에서 읽을 수 있는 변변하지 못한 집은 이 집들이 안정대를 구축해주는 안주의 공간이 되어주지 못했다는 것을 의미한다. 달리말하면 '까치집 같은 내집' 말고는 소유의 개념이 전혀 없는 가숙지로서의 공간에 불과했다는 뜻이 된다.

프랑스의 정신분석학자이자 시인이었던 바슐라르에 의하면 집은 '소유되고 방어되는 행복한 공간으로서의 이미지'로 설정되고 있다. 물론 이는 '방'을 두고 내건 정신분석학적 공간개념이었지만 '방'을 확대해석하면 '집'이 된다는 이치에서 보면 '집' 또한 '방'과 같은 공간개념을 성립시킨다.

'소유되고 방어되는 행복한 공간'은 집이 안정대를 구축해 준다는 뜻을 성립시킨다. 그리고 이는 동시에 인정된 삶을 영위할 수 있는 공간을 의미하게 된다. 이에 비해 남상아 시인이 설정한 집들은 그 어느것도 삶을 영위하는 안정대 구실을 하기에는 부적절한 집들이다. 그것은 비록 2층집으로 제시되기는 하나 '전기도 끊긴 헌덜백이 집'이고, '구만이 집', '당고모 집', '할머니 오두막집', '일양약품집'과 같은 소유된 공간으로서의 집이 아니라 타인의 집으로 되어 있다. 그런가 하면 '오두막집', '판잣집', '둑방집', '구담뗏집' 같은 집들은 행복한 이미지로서의 공간이기 보다는 비바람이나 겨우 피할 수 있는 가숙지에 불과하게 된다.

이와같이 남상아 시인이 설정한 삶의 공간으로서의 집들은 예외없이 소유되고 방어되는 행복한 공간으로서의 집이기보다는 잠시잠시 생을 담았던 가숙지 구실밖에 해주지 못하는 집들로 제시되고 있다. 그리고 이러한 가숙지로서의 집들은 고스란히 시인의 생이 그리는 궤적의 연변에 설치된 간이역처럼 한 생의 이동경로를 고스란히 보여주고 있다는 점에서 집과 집으로 이어지는 생의 이동경로를 읽게 해주고 있어 생의 현실적, 현장으로서의 생을 이 집들이 고스란히 담고 있게 된다.

몇 편의 시를 제시했을 때 이해를 도울 것으로 본다.

가) 안방 웃방 마루를 껴안은 채
　　지금도 장수하는 안채

오줌안싸기 밤 똥 안누기
솥뚜껑 두드리고 닭장에 비는 뱅이

웃방에 들어가면 늘 귀해주시던
상 할머니와의 이별을 배우고

마루 기둥 싸안고 여섯 살 가시나가 몰래
눈물 짓던 구석기시대 같은 구만이집

나) 몇 년의 재판 끝에 얼음방 마저 쫓겨나
길거리에 나동그라진 돌멩이 식구들

몸담은 오두막집 관처럼 내주신
모주집 충청도 뻔데기 할머니

콩 과자만한 안방 필통만한 작은방
닭장 부엌 급하면 아기처럼 싸버리는 하늘

깊고 험했던 인생파도 속에서
하늘 사랑을 만난 구세주

겨울 봄 여름 세 철을 살고
서울로 왔다

다) 8인치도 아닌 풀 창 같은 4인치 불럭 집
오랜 시달림과 산고 끝에 출산
나처럼 소재는 약하지만
밀물썰물 들락날락 줄다리기로
40평 대지위에 다락 지하실까지

필요에 의해 지어지는 우리들의 삶
외벽을 방수 탄 세면으로 싸 발랐더니
30년이 넘도록 벽에 곰팡 한번 안피고
효자비 세워도 좋을 자손 같은
버팀목으로 기둥 삼을 집

예시 가)는 「집 · 1」의 일부이고, 나)는 「집 · 5」의 일부, 그리고 다)는 「집 · 14」의 일부이다.

예시들을 통해 읽을 수 있는 것은 시행 '여섯살 가시나가'에서 읽을 수 있듯이 유년에서 '겨울, 봄 여름 세철 살고 서울로 왔다'에서 볼 수 있듯이 이주과정을 거쳐 드디어 '효자비 세워도 좋을 자손 같은 / 버팀목으로 기둥 삼을 집' 으로 종결되는 걸어온 길로 생의 여정이 집으로 그려져 있다는 점이다.

그때문에 집은 남상아 시인의 시에서 단순한 삶의 공간으로서의 집이 아닌 생과 생의 이동경로, 생으로 나아가기 위해 잠시 머물렀던 가숙지, 그리고 이러한 생의 긴 여정속의 중간중간에 간이역처럼 머물러야 했던 집은 생의 족적이자 행로를 고스란히 말해주는 것으로서 보기드문 체험적 시의 진실을 담아내고 있음을 보여주고 있다.

3. 집밖의 나들이 공간

「집」이 남상아 시인에 있어서의 생의 공간이자 동시에 시의 공간이었다면 시의 공간에서 외출한 공간이 지연이다. 제2부 「사계를 벗하며」에 수록된 시편들은 대부분 계절을 노래했거나 계절의 산물인 꽃을 노래하고 있는데 이는 남상아시인의 자연감정의 회복이나 자연교감의 여유로움에서 보다는 생의 유랑에서 인정대를 구축, 비로소 집밖의 세계에 눈을 돌렸음을 의미한다.

일종의 생의 여유랄까, 여유를 통한 자연과의 만남이라고나 할까, 어떻든 집의 공간에서의 나들이는 비로소 집의 소유되고 방어되는 행복한 공간으로서의 이미지를 회복했다는 말이 된다. 그것은 집밖의 나들이가 이러한 행복한 공간을 확대하려는 자아확대력의 일환으로 보여지기 때문이다. 몇편의 시를 예시 했을 때 이해를 도울것으로 본다.

가) 그림자 지워버린
정오의 작살 햇살이
콕콕
바늘 부리로 쪼아대면
툭탁툭탁
가마솥 튀밥 일구듯

불꽃으로 튀어 오르는
아기 별꽃

나) 로뎅의 생각하는 사람처럼
물위에 앉아
꿈을 꿉니다

보라 빛 돛폭을 세우고
전설의 공작날개에 박힌 눈을 박고
수평선을 향해

안개 자욱한 해변을 응시

언젠가는 파도를 향해
떠나가고 싶은
노 없는 돛 배

다) 여름 초록 초승달 벤치에
앉은 두 사람

사내의 팔이 계집의 어깨에
초승달로 걸린다

사내의 눈길 따라
계집의 눈이 초승달로 내리깔리고

두 가슴엔 스마일표가 새겨지고
황진이 같은 만월이 뜬다

예시 가)는 「채송화」의 전문이고, 나)는 「옥잠화」의 전문, 그리고 다)는 「초승달」의 전문이다.

제1부 「집」 시편에서 체험해야 했던 숨막힐듯한 답답함이고 출구가 막혀버린 듯한 영어감이 말끔이 가셔있다. 그대신 꽃과 달을 노래하는 여유로움을 회복해내고 있는데 이는 「집」 이라는 공간에서 의를출 보다는 「집」 이라는 공간을 자연으로 넓혀가려는 자아확대력의 지향, 달리말하면 집에 인접된 자연까지를 자신의 시적 공간으로 편입시키고자 하는 자아협소화의 지양으로 볼 수 있게 한다.

예시 가)에서는 감각의 우수한 성능을 보여주고 있다. 햇살을 '작살'로 이동, 다시 '바늘 부리'로 쪼아대게 변용함으로써 톡톡 터지게 감각화 하고 있다. 그때문에 채송화 꽃잎이 튀밥튀는 팝콘으로 튀겨져 아기별꽃으로 벙근다고 진술하고 있는데, 이는 변용이 무엇이고 변용을 통한 재구성의 묘미가 무엇이라는 것을 잘 알고 시를 출발시킨 것으로 보여진다.

예시 나)에서도 물위에 떠있는 옥잠화를 '물위에 앉아 / 꿈을 꾸는' 로뎅의 생각하는 사람에 연계시켜 자유연상이 돋보인다. 그런가하면 종연에서 '노 없는 돛배'를 이끌어 내어 옥잠화에 연계시킨 이미지의 이동도 시적 재구성이 가져다주는 형상미학의 맛과 멋을 알고 있는 것으로 여겨진다.

그리고 예시 다)에서는 초승달을 노래하고 있는데 초승달의 변용이나 재구성만이 아니라 연인끼리 환기시키는 두 가슴의 내면풍경보까지를 그림으로 펼쳐줄줄 안다는 점에서 남상아 시인의 시법과 함께 감각의 우수성을 잘말해 주고있는 것이 된다.

그리고 이러한 지적은 남상아 시인이 자신의 시적 두 공간을 제시해 주는 것으로 귀결되는데 그 하나는 「집」의 공간이고 다른 하나는 사계와 같은 「자연공간」이다. 그리고 남상아 시인은 이 두 공간을 넘나들거나 드나들면서 자신의 시적 공간을 희대해 간다는 사실에 관심하게 된다.

끝으로 한가지를 더 곁들인다면 3부의 시편들이 보여주는 현장의 시랄까, 발품의 시랄까 하는 시편들인데 이 부분은 「자연공간」 내의 특수지역에서 발상을 얻어오고 있다는 점에서 역시 「집」 밖의 공간에 편입시켜도 무방할 것으로 본다.

4. 결어

이상으로서 남상아 시인의 시적 두 공간을 「집」 을 공간화한 시편과 사계를 노래한 「자연」 시편들을 제시, 구체화해 봤다. 그 결과 남상아 시인은 「집」 과 집 밖의 공간인 자연공간을 자유롭게 드나들면서 자신의 시의 영토를 확장시켜가고 있다는 점에서 자아확대력이 확득해낸 시적 영역이나 공간에 또다른 기대를 걸게 해주고 있다.

•

남상아 시인은 전남 구례 출신으로 덕성여대 평생교육원에서 시창작을 연수했고, 21C시학아카데미 회원, 운현시 회원으로 활동하고 있다. 시집에 『마주선 것들은 서로 닮아 있다』와 『知命의 나들이』가 있다.

•

조선문학시인선 258

2009년 3월 30일 인쇄
2009년 4월 10일 발행

知命의 나들이

지은이 / 남상아
발행인 / 박진환
펴낸곳 / 조선문학사
등록번호 / 1-2733
주소 · 110-092 서울 서대문구 홍제2동 96-4
대표전화 / 730-2255
팩스 / 723-9373

ISBN 978-89-93614-10-7

정가 8,000원